INCOMPATIBILITÉ

DE

LA GUERRE

ET

DE TOUTE ESPÈCE DE COMBAT

AVEC

LA DISPENSATION ÉVANGÉLIQUE.

1848

INCOMPATIBILITÉ
DE LA GUERRE

ET

DE TOUTE ESPÈCE DE COMBAT,

AVEC

LA DISPENSATION ÉVANGÉLIQUE.

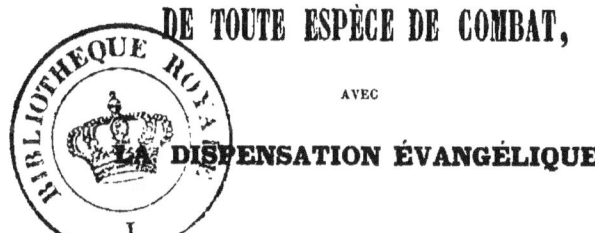

PUBLIÉ PAR

LA SOCIÉTÉ RELIGIEUSE DES AMIS,

Dans son assemblée annuelle, tenue à Londres en 1841.

NANCY,
CHEZ DARD, IMPRIMEUR-LIBRAIRE,
RUE DES CARMES, 22.

1845.

INCOMPATIBILITÉ
DE LA GUERRE
ET DE TOUTE ESPÈCE DE COMBAT,

AVEC LA DISPENSATION ÉVANGÉLIQUE.

L'histoire de notre société religieuse atteste que, dès les premiers temps de sa fondation, nous avons posé en principe et constamment soutenu que toute espèce de guerre et de combat est absolument incompatible avec la dispensation évangélique, et nous pensons qu'il est convenable, au temps où nous vivons, d'exposer les fondements scripturaires de ce principe.

Nous avons toujours reçu les Saintes Écritures comme émanées d'une autorité divine; et puisqu'elles nous enseignent à honorer notre Seigneur Jésus-Christ comme notre Législateur et notre Roi, nous avons regardé comme un devoir indispensable et rigoureux d'obéir à ses préceptes. Au nombre de ces préceptes, nous avons reçu, dans toute l'étendue de leur portée, ces injonctions si claires et si faciles à comprendre, qui nous sont faites par notre Seigneur, dans son sermon sur la montagne : « Aimez vos ennemis, bénissez ceux qui vous maudissent, faites du bien à ceux qui vous haïssent, et priez pour ceux qui vous outragent et qui vous persécutent [1]. » Ces commandements de Christ sont positifs et sans équivoque; si nous les acceptons ainsi, et si nous sommes rendus capables, par sa grâce, de nous y conformer entièrement et sans relâche, il ne nous est pas permis de prendre part à la guerre. En effet, comment pouvons-nous exterminer ceux qu'Il nous apprend à aimer, offenser en quoi que ce soit ceux qu'Il nous ordonne de bénir? Comment chercherions-nous à tuer ceux auxquels Il nous recommande de faire du bien; ou traiter avec malveillance, et même avec cruauté, ceux pour lesquels Il nous enjoint de prier?

Le pardon des injures est un des enseignements les plus clairement tracés que renferme l'Évangile. C'est un devoir que nous a prescrit à diverses reprises le Seigneur lui-même. Il en fait même la condition sans laquelle nous ne pouvons espérer le pardon de nos propres offenses : « Pardonne-nous nos péchés, comme aussi nous pardonnons à ceux qui nous ont offensés [2]. » « Si vous ne pardonnez pas aux hommes leurs offenses, votre Père ne vous pardonnera pas non plus les vôtres [3]. » Quelle solennité dans ses expressions, quand il parle du serviteur impitoyable! « C'est ainsi que vous fera mon Père céleste, si vous ne pardonnez pas chacun de vous, de tout son cœur, à son frère ses fautes [4]. » Ainsi la loi de Christ frappe dans sa racine même l'esprit de vengeance : elle défend tout sentiment vindicatif, même en cas d'outrage ou de dommages soufferts; elle proscrit toute animosité et toute lutte;

[1] Mat. v. 44. — [2] Mat. vi. 12. — [3] Mat. vi. 15. — [4] Mat. xviii. 35.

elle abolit l'exercice des représailles; elle arrache les fondements mêmes de la guerre.

Et ce n'est pas seulement par des *préceptes* que notre Seigneur a voulu nous interdire toute action qui ressemble à un combat. Il est lui-même « Le Prince de la Paix [5]; » et conformément à ce divin caractère, Il nous a laissé un *exemple,* afin que nous suivions ses traces [6] — un exemple qui devrait paraître au Chrétien une autorité définitive contre la guerre. Car si nous sommes les disciples de Christ, nous devons aussi marcher comme il a marché lui-même [7], « lui qui, lorsqu'on lui disait des outrages, n'en rendait point; et qui, lorsqu'on le maltraitait, ne faisait point de menaces, mais se remettait à celui qui juge justement [8]. » Il censura ses disciples, lorsqu'ils cherchaient à exercer la vengeance, en disant : « Vous ne savez pas de quel esprit vous êtes animés; car le Fils de l'homme n'est point venu pour faire périr les hommes, mais il est venu pour les sauver [9]. » Si nous suivons celui qui allait de lieu en lieu pour faire du bien et qui pria même pour ses meurtriers : « Mon Père, pardonne-leur, car ils ne savent ce qu'ils font [10]; » comment pouvons-nous, soit directement, soit indirectement, exercer la violence ou l'injustice envers autrui? Le Chrétien qui sait apprécier l'exemple de son Maître, ne se sentira pas disposé à l'éluder, à en restreindre l'autorité, ou bien à en atténuer la force par des subtilités de casuiste, ou par des considérations d'intérêt personnel. Il n'aura point une règle pour ses devoirs privés, une autre règle pour ses devoirs publics. Celle qui lui trace sa conduite d'homme, lui tracera également ses devoirs

---

[5] Esaïe, ix. 6. — [6] 1 Pierre, ii. 21. — [7] 1 Jean, ii. 6. — [8] 1 Pierre, ii. 23. — [9] Luc, ix. 55, 56. — [10] Luc, xxiii. 34.

de sujet et de citoyen, et même de gouverneur. Sa manière d'agir dans tous les rapports de la vie proclamera sa fidélité sans partage et sans restriction au Prince de la Paix, et montrera qu'il est entièrement affranchi de tout esprit de guerre et de combat.

Si les maximes et l'exemple de leur Maître dirigeaient ainsi la vie de ceux qui font profession d'être Chrétiens, quelle influence puissante n'exercerait pas sur leurs concitoyens leur conduite uniforme et soutenue, jusqu'à ce qu'enfin les purs et pacifiques principes de l'Évangile eussent imprimé à la société, en général, leur divin caractère! Ainsi serait hâtée l'aurore de ce jour où, suivant le langage d'une ancienne prophétie, « les hommes forgeront leurs épées en hoyaux, et leurs hallebardes en serpes; une nation ne lèvera plus l'épée contre l'autre, et ils ne s'adonneront plus à faire la guerre [11]. »

Il est vrai que, dans l'insondable sagesse de sa providence, et sous une précédente dispensation, il plut au Tout-Puissant de permettre et d'autoriser la guerre, dans la vue de châtier les nations de leurs iniquités; mais en ce qui nous concerne, cela ne saurait être une justification de la guerre. Nous ne pouvons alléguer une semblable autorité; nous vivons aujourd'hui sous ce gouvernement de grâce et de vérité qui nous a été apporté par Jésus-Christ. Sa venue sur la terre fut annoncée par une multitude de l'armée céleste, louant Dieu et disant : « Gloire à Dieu, au plus haut des cieux; paix sur la terre, bonne volonté envers les hommes [12]! » Le dessein de Dieu est que l'espèce humaine soit amenée sous la puissance de cette grâce et de cette vérité; et, suivant qu'il en est ainsi, ces sentiments qui

---

[11] Esaïe, ii. 4. — [12] Luc, ii. 14.

nous sont si naturels, l'amour pour le pays natal et l'affection pour nos compatriotes, se trouvent agrandis, exaltés, épurés. Sous l'influence heureuse et sacrée de l'amour de Christ, non-seulement nous cherchons à vivre en bonne intelligence avec nos propres citoyens, mais encore, sous la puissance expansive du même principe céleste, nous voyons dans tous les peuples, quelle que soit leur couleur, quelque climat qu'ils habitent, autant de frères, autant d'enfants d'un seul et même Père Tout-Puissant, notre Père qui est dans les cieux. En les considérant sous ce point de vue, nous avons à cœur de les servir, de les aider et de leur faire du bien; nous sentons, en effet, que leur causer du dommage et les détruire, c'est violer cette fraternité que Dieu a établie entre nous, c'est transgresser cette sainte loi de paix et de bonne volonté qui est le trait caractéristique de l'empire de notre Seigneur et Sauveur.

Nous avons remarqué avec satisfaction et reconnaissance que les Saintes Ecritures ont été répandues au loin chez des nations païennes et mahométanes, traduites dans leurs langages respectifs, et que les vérités de l'Evangile ont été bien accueillies par plusieurs qui jusque-là avaient vécu dans la superstition, dans l'idolâtrie et dans le vice. Mais que personne ne s'avise d'alléguer, pour justifier la guerre et les conquêtes, qu'elles peuvent servir à préparer la voie à l'extension du royaume de notre Saint Rédempteur, parmi des nations plongées dans l'ignorance et dans les ténèbres. Dans notre opinion, une chose éminemment coupable aux yeux de Dieu, de la part des habitants d'un pays chrétien, c'est d'employer ces talents qui auraient dû être consacrés à son service, à l'invention et à l'exercice des moyens propres à subjuguer et à opprimer des peuples moins éclairés. Que des flottes, que des armées aient jamais dû être envoyées dans ces contrées pour répandre la désolation, la misère et la mort au milieu d'hommes inoffensifs, c'est une tache imprimée au caractère d'un peuple qui fait profession de suivre et de servir Celui qui était saint, innocent, sans souillure, et séparé des pécheurs [13].

Même dans les temps de tranquillité extérieure, on entretient chez les nations qui reconnaissent l'Évangile de Christ des écoles militaires et autres établissements du même genre, dans lesquels on instruit les hommes au métier de la guerre, et où l'on nourrit à dessein leur cœur et leur esprit de toutes les folles idées de gloire et d'ambition humaines. Elever systématiquement des êtres raisonnables, possédant des âmes immortelles, et tous créés par le même Père de miséricorde, dans l'art de se blesser et de se tuer les uns les autres, et de déployer leur adresse à le faire de la manière la plus sûre, c'est une chose si diamétralement opposée aux préceptes de Christ, qu'il ne faut rien de moins que la force de l'éducation et une longue familiarité avec la pratique et l'histoire de la guerre, pour réconcilier avec la continuation de cette coutume des hommes qui professent une foi sincère en Christ.

A l'époque où nous vivons, et où les principes d'une paix inviolable ne sont pas généralement adoptés, soit par les chefs des nations, soit par les nations elles-mêmes, il appartient à ceux qui maintiennent ces principes de faire tous leurs efforts pour se tenir séparés de l'esprit et de la politique de ce monde ; et, dociles aux inspirations d'une conscience scrupuleuse, de veiller sur eux-mêmes, afin d'éviter, dans toutes leurs relations et dans tous leurs actes, ce qui

---

[13] Heb. vii. 26.

pourrait être contraire à leur haute profession. Ils doivent non-seulement se garder de prendre la part, même la plus indirecte, à une guerre offensive ou défensive, mais encore s'interdire sévèrement le port et l'usage des armes, soit pour l'attaque, soit pour la défense. Partout où éclate la sédition, partout où s'entre-choquent les divers partis politiques, leur office spécial est de les exhorter à la paix, et de prier que leurs discours puissent servir à l'édification, et communiquer la grâce à ceux qui les entendent [14]. S'il s'élève des troubles civils, si l'on a recours à la force des armes, il est également de leur devoir de persévérer dans cette vigilance, et de s'interdire soigneusement tout ce qui ne pourrait que les affaiblir, s'ils avaient recours à ces moyens de protection. Quand la guerre exerce ses fureurs et sur terre et sur mer, il convient au fidèle sujet du Prince de la Paix de ne pas placer sa confiance dans les flottes ou dans les armées, de ne pas se permettre à lui-même ou de ne pas encourager dans les autres aucun acte en désaccord avec la patience, le calme et la sainte confiance d'un vrai Chrétien. Avec quelle force et quelle autorité s'appliquent à ces diverses circonstances les paroles de l'Écriture : « Ceux qui se confient en l'Éternel sont comme la montagne de Sion, qui ne peut être ébranlée [15] ! » Il leur est comme un bouclier et comme un rempart ; ils peuvent dire avec humilité : « Il est mon rocher, ma délivrance et ma haute retraite ; je ne serai point ébranlé [16]. »

Une bien douce consolation pour nous, c'est la conviction que les principes pacifiques de l'Évangile se répandent de plus en plus dans l'univers : béni soit Dieu qui nous a permis de vivre à une époque où, sous l'heureuse influence

---

[14] Ephes. iv. 29. — [15] Ps. cxxv. 1. — [16] Ps. lxii. 7.

de la paix, des nations, autrefois ennemies, ont maintenu si long-temps entre elles des relations amicales. Leurs citoyens ont voyagé d'une contrée à l'autre, avec cette confiance et cette sécurité qu'une paix solide peut seule inspirer ; échangeant des actes d'amitié et de bienveillance, et, dans une foule d'occasions, recevant et communiquant ces découvertes de la science qui ne tendent qu'à augmenter la somme de leur bonheur respectif. Les institutions nationales ont été améliorées, et le bien-être moral et religieux du peuple a reçu un notable accroissement.

Ce n'est pas non plus sans une vive satisfaction que nous avons vu, dans plus d'une conjoncture récente, des nations chrétiennes soumettre volontairement à l'arbitrage pacifique d'autres puissances, des différends qui s'étaient élevés entre elles. Puisse cette manière amicale de régler les différends de gouvernement à gouvernement passer de plus en plus généralement dans le droit public, jusqu'à ce qu'elle soit invariablement adoptée !

En traçant ici et en appuyant le système de conduite que devrait embrasser tout Chrétien conséquent avec lui-même, et en nous bornant à indiquer quelques-unes des pratiques qui s'éloignent de la droite voie du Seigneur, nous croyons de notre devoir d'ajouter que nous attachons la plus haute importance aux bienfaits du gouvernement civil, que nous reconnaissons l'obligation de nous y soumettre, et de lui obéir sans résistance, dans tous les cas où la loi de Christ n'est ni compromise ni violée. Mais il est des cas où cette loi serait, selon nous, violée par une soumission aux ordonnances de l'autorité civile. Au nombre de ces circonstances, nous avons toujours, comme société religieuse, mis le service militaire et l'achat d'un remplaçant ; nous y rangeons de même le paiement de toute contribution spéciale pour la guerre ; et s'il arrive qu'on veuille nous y contraindre, nous croyons faire notre devoir en nous soumettant, avec un esprit d'humilité et de patience, à toutes les conséquences d'un refus.

Nous sentons profondément que de vivre en tout conformément à la loi de la justice et de la paix, ce serait avoir fait un immense progrès dans la vie chrétienne ; mais c'est à quoi nous ne pouvons prétendre dans notre état déchu et non régénéré ; notre nature nous pousse à la méchanceté et à la vengeance ; ces passions et ces appétits qui donnent lieu aux guerres et aux combats, nous livrent une lutte incessante dont le siége est en nous-mêmes. Ce n'est qu'en nous soumettant à la puissance convertissante du Saint-Esprit, et en nous assujétissant à la règle de Celui qui vint pour abolir le crime, aussi bien que pour faire propitiation pour l'iniquité [17], que nous parviendrons à amener les autres hommes à l'adoption de nos principes. Nous devons cependant avouer, avec reconnaissance, qu'à différentes époques il s'est trouvé beaucoup de Chrétiens qui, fortifiés par la grâce de Dieu, ont honoré leur profession de foi, et qui, environnés de périls, de terreurs, et en proie à la persécution, ont prouvé qu'en vertu même de leur qualité de Chrétiens, ils ne pouvaient prendre part à aucun espèce de combat. Dans les temps modernes, non moins que dans les temps primitifs de l'histoire de notre société religieuse, nous trouvons d'amples preuves que la puissance protectrice et conservatrice du Très-Haut peut suffire à tout, — des preuves de toutes les consolations qu'on peut espérer de la confiance qu'on met en lui, dans ces moments de rudes épreuves.

[17] Dan. ix. 24.

Par une conséquence nécessaire de cette manière de recevoir les préceptes et l'exemple de notre Sauveur, et d'envisager le caractère et la tendance de la dispensation évangélique, nous sentons qu'il est de notre devoir, non-seulement de chercher, avec l'aide du Saint-Esprit, à y conformer notre propre vie, mais encore d'inculquer ces préceptes à notre prochain, et de faire tout ce qui est en notre pouvoir pour en hâter l'universelle adoption. Qu'il nous soit donc permis de prier avec amour ceux qui font profession de foi en Jésus-Christ, comme nous-mêmes, d'examiner et de peser ces choses pour eux-mêmes, avec le secours de cette lumière qui rend tout manifeste, la lumière de l'Esprit de Dieu. Selon le degré que l'on reçoit de cette lumière, et selon qu'on la suit avec une foi vive, l'intelligence s'ouvre pour apercevoir l'excellence et la plénitude de cette loi divine ; on découvre beaucoup de choses qui lui sont contraires, et que jusqu'alors on avait été loin de soupçonner telles. On acquiert alors la conviction qu'en lisant les Écritures avec simplicité de cœur, et avec une entière confiance en cet Esprit qui nous les a données, on ne peut manquer de voir que la guerre, quelque forme qu'elle prenne, est en opposition directe avec la religion de Jésus-Christ, qu'elle est une violation de sa loi de justice, et par conséquent un péché, puisque le péché est une transgression de la loi. Pures et saintes comme sont ces lois, on ne saurait cependant alléguer qu'elles aient un degré de sainteté au-dessus de ce que l'homme peut atteindre, autrement on ne lui en eût jamais prescrit l'observation. Rien ne nous est enjoint que ce que Dieu, notre Père céleste, nous donne la force d'accomplir.

Par l'amour du Christ, par cet amour qui a pour but le bonheur présent et éternel de la race humaine tout entière, nous recommandons ces vérités évangéliques à ceux qui sont marqués de son nom. Inspirés par le même amour, nous osons nous adresser plus spécialement encore aux Chefs de chacune des nations qui professent la religion de notre Seigneur et Sauveur ; nous les prions avec instance d'avoir toujours présents à leur esprit, dans leurs délibératons et dans leurs conseils, soit dans les débats publics du sénat, soit dans le secret du cabinet, la justice, l'amour et la patience enseignés par notre Rédempteur ainsi que par ses apôtres. Nous prions tous les Chrétiens nos frères, quelque climat qu'ils habitent, à quelque dénomination qu'ils appartiennent sur la terre, de réfléchir sérieusement sur ces habitudes et ces dispositions antichrétiennes qu'entretient et fortifie la vie militaire, et sur l'énormité que l'on commet en consacrant un temps qui nous a été confié pour un plus noble but, à chercher les moyens et à s'instruire dans l'art de porter chez les autres hommes tous les genres de misère et la mort même, d'abréger l'existence terrestre de ceux qu'ils regardent comme les ennemis de leur patrie, et de les jeter ainsi à l'improviste au pied du tribunal de Dieu.

Nous désirons que les pères et les mères auxquels la religion est chère, soient amenés à la conviction de tout ce qu'il y a de coupable de leur part à permettre que leurs enfants soient instruits dans les arts et dans la science de la guerre. Puissent tous ceux à qui est confiée l'éducation de la jeunesse trouver dans la crainte de Dieu et dans l'influence de la divine sagesse la force dont ils ont besoin pour imprimer à leurs élèves un sentiment profond des misères et du péché inhérent à la guerre, pour les mettre en garde contre ces faux principes d'honneur qu'on acquiert souvent dans les premières années de la vie, et pour les détourner, lorsqu'ils étudient l'histoire ancienne ou moderne, d'une folle admiration pour les actions ou la renommée de ces hommes qui n'ont été que les destructeurs de la race humaine. Oh! que ceux qui professent avec nous la religion chrétienne ne renoncent-ils à la vaine gloire et à la pompe des exploits militaires, et à cette politique insensée de conquêtes, de représailles et d'hostilités! Que, dans leurs relations et nationales et individuelles, le vœu le plus ardent de leur cœur n'est-il de ne rien faire qui ne s'accorde strictement avec le précepte : « Toutes les choses que vous voulez que les hommes vous fassent, faites-les-leur aussi vous-mêmes [18]! » nous oserions alors concevoir l'assurance que Celui dont la prérogative est d'accorder ou de retirer sa bénédiction selon sa volonté, ferait prospérer les desseins du peuple qui aurait ainsi rendu ses actions conformes à sa loi, qu'il lui donnerait la paix et le bonheur national, et qu'il le rendrait les instruments de la félicité de tous les peuples voisins.

On verrait alors les serviteurs du Seigneur Jésus, vivant dans l'amour et dans la bonne volonté envers toute la grande famille humaine, s'efforcer, avec Son secours, de diminuer la masse des misères, des vices, des crimes qui pèsent sur elle, de renverser les forteresses de Satan et du péché, et d'étendre le règne pacifique du Messie. Pratiquant la foi en Celui qu'ils appellent leur Seigneur, et réglant toutes leurs actions sur ses commandements, ils aideraient, par la grâce qui est en eux, à introduire parmi ceux qui les entourent cette puissance de l'exemple chrétien, qui agirait sur eux comme le levain, ce levain du royaume de notre Saint Rédempteur qui doit définitivement embrasser toute

---

[18] Mat. vii. 12.

la terre dans ses limites, à cette époque où les païens lui seront donnés pour héritage, et où les bouts de la terre seront en sa possession [19] ; où les royaumes du monde seront soumis à notre Seigneur et à son Christ [20] ; où l'on n'entendra plus parler de violence dans le pays, ni de dégâts, ni d'oppressions dans ses contrées [21] ; et où seront accomplies ces paroles mémorables de la prière que notre Seigneur a enseignée à ses disciples : « Ton règne vienne ; ta volonté soit faite sur la terre comme au ciel [22] ! » Amen.

Au nom et par l'autorisation de l'assemblée ci-dessus,

Signé, GEORGES STACEY,

Secrétaire de ladite Assemblée pour la présente année 1841.

[19] Ps. ii. 8. — [20] Apoc. xi. 15. — [21] Esaïe, lx. 18. — [22] Matt. vi. 10.

NANCY. — IMPRIMERIE DE DARD, RUE DES CARMES, 22.

Nancy, imprimerie de Dard.

www.ingramcontent.com/pod-product-compliance
Lightning Source LLC
Chambersburg PA
CBHW071425060426
42450CB00009BA/2030